Number Tracing

Practice

0 0 0 0 0 0 0 0 0 0 0 0 0 0 0 0 0 0 0

1 1 1 1 1 1 1 1 1 1 1 1 1 1 1 1 1 1 1

2 2 2 2 2 2 2 2 2 2 2 2 2 2 2 2

3 3 3 3 3 3 3 3 3 3 3 3 3 3

Zero

One

Two

2 2 2 2 2 2 2 2 2 2

2 2 2 2 2 2 2 2 2 2

2 2 2 2 2 2 2 2 2 2

2 2 2 2 2 2 2 2 2 2

Three

Four

Five

5 5 5 5 5 5 5 5 5 5 5 5 5

5 5 5 5 5 5 5 5 5 5 5 5 5

5 5 5 5 5 5 5 5 5 5 5 5 5

5 5 5 5 5 5 5 5 5 5 5 5 5

Six

6 6 6 6 6 6 6 6 6 6 6 6

6 6 6 6 6 6 6 6 6 6 6 6

6 6 6 6 6 6 6 6 6 6 6 6

6 6 6 6 6 6 6 6 6 6 6 6

Seven

Eight

Nine

Ten

10 10 10 10 10 10 10 10

10 10 10 10 10 10 10 10

10 10 10 10 10 10 10 10

10 10 10 10 10 10 10 10